DÉFENSE

DU

DOCTEUR BÉCHET,

PAR BARRET, AVOCAT.

Au profit des Détenus politiques.

Nunc omne scelus est, atque etiam
misericordiæ motus pro liberis morti
devotis pectoribus.

Prix : 20 centimes.

NANCY,

CHEZ VIDART ET JULLIEN, LIBRAIRES,
RUE DU PONT-MOUJA.

TOUL,

CHEZ MAD. Vᵉ BASTIEN IMPRIMEUR - LIBRAIRE,

ET A FOUG, CHEZ L'AUTEUR.

Décembre 1833.

DÉFENSE

Du citoyen Emmanuel BÉCHET, vivant Docteur en médecine à Nancy, présentée à l'opinion publique, pour la justification de sa mémoire, par le citoyen Hilaire-François BARRET, ancien magistrat du parquet, avocat exerçant près le Tribunal civil de Toul, et dédié à M. et Mme BÉCHET.

Nunc omne scelus est, atque etiam
misericordiæ motus pro liberis morti
devotis pectoribus.

CITOYENS DE NANCY,

Nos lois sont muettes sur la réhabilitation de la mémoire des accusés morts avant la décision du Jury. Le législateur s'est borné à disposer que l'action publique pour l'application de la peine s'éteignait par la mort du prévenu, sans aucunement s'occuper du tort moral qu'on a pu lui faire par une injuste accusation. Je sais bien que l'innocence est présumée jusqu'à la condamnation, mais cette maxime généreuse, tous les jours foulée aux pieds par les organes du ministère public eux-mêmes, dans le feu de leurs réquisitoires et dans les rigueurs de l'arrestation préalable, n'a point encore pénétré dans les masses exploitées par le préjugé. Pour-

remédier à un semblable oubli de la loi, le jugement de l'opinion publique devient nécessaire, et je le provoque en ma qualité d'ancien ami de notre infortuné Béchet. Si je ne dis pas bien, j'aurai du moins jeté une pensée parmi les fleurs que ses autres amis déposèrent sur sa tombe lorsqu'il nous quitta tous pour toujours.

A la vérité l'accusation portée contre Béchet n'était pas de celles qui viennent flétrir la vie d'un homme. Prier pour des citoyens morts pour la liberté n'était pas un crime qui pouvait faire oublier ses bienfaits aux pauvres, ses précieuses qualités à ses nombreux amis, sa piété filiale aux auteurs de ses jours. Cependant il est utile de le dire à ceux qui se sont réjouis de ce procès politique, et qui ont aidé Lecomte, meurtrier innocenté, dans son audacieux et lâche plan de défense dont personne n'a été dupe. Ils savaient bien, le code le disait, que le meurtre de Béchet était excusable, et que le fait d'excuse agirait sur le Jury sans qu'il fût posé. Partant de ce calcul, ils lui ont conseillé d'exploiter l'omnipotence tant de fois contestée par eux, du jugement du pays, pour arriver à l'impunité. Ils lui ont rendu justice, car ce n'est plus un époux outragé qui fut accusé de meurtre, mais bien un assassin ordinaire. Le meurtre d'un républicain n'est point seulement

excusable, ont-ils dit, *il est légal*. Béchet! le re-
mords te vengera de cette nouvelle injure faite
à ta mémoire. Turck l'a prédit sur ta tombe :
tous les jours, à quatre heures du matin, ton
assassin sera puni par la justice divine.

Les coaccusés du citoyen Béchet n'ont pas
tout dit devant la Cour, parce que le pouvoir
dont les oreilles sont chatouilleuses comme sous
la restauration, s'attribue toujours le droit de
gêner la défense après avoir donné toute lati-
tude à l'accusation. Je n'aurai pas ce désavan-
tage devant le tribunal de l'opinion, et je déve-
lopperai les moyens que le citoyen Saint-Ouën
n'a pu soumettre au Jury dans son admirable
et si logique plaidoyer.

Selon moi, il ne suffisait pas d'établir que le
rassemblement inoffensif du 27 juillet n'était
point un attroupement susceptible de la mise
à exécution de la loi martiale; car cela était de
la dernière évidence, malgré l'opinion de M. le
Procureur-Général. Comme il était essentielle-
ment religieux et de commémoration pour les
morts de la grande semaine, il rentrait dans la
classe des rassemblemens solennels qui suivent
les funérailles des hommes chers à la patrie. Le
pouvoir n'a pas, en effet, prétendu que ceux
qui se sont vus aux convois funèbres de Laro-
chefoucault-Liancourt, de Manuel, de Benja-

min-Constant et de Lamarque, pouvaient de-
venir des attroupemens par le seul fait des
sommations de l'autorité municipale, puisqu'il
s'est vanté d'avoir eu cent mille âmes aux funérailles de Casimir Perrier. Il a respecté le deuil
et il a bien fait. Il fallait établir et prouver que
le Préfet dela Meurthe n'avait eu ni le droit ni
le pouvoir de le dissiper par la force; et que lui
seul ayant forfait à ses devoirs, devait être accusé. C'est là la tâche que j'entreprends.

Il ne suffisait pas non plus, de la part de
certains des accusés, de proclamer leurs opinions républicaines; il fallait les motiver, pour
leur ôter la couleur de vaines et stériles professions de foi semblables, dont le pouvoir fait
toujours son profit. En démontrant logique-
ment que tout citoyen ami de son pays doit
être républicain, l'on trouvait naturellement
l'occasion d'entourer ces professions de foi d'une
foule de convictions spontanées, et de hâter
ainsi les progrès de notre civilisation. Je ferai
mon possible pour réparer cette faute.

Ainsi deux questions sont à traiter : la première, de savoir si le Préfet pouvait faire dissiper un *rassemblement* par la force des armes,
en vertu de la loi martiale sur les *attroupemens ;*
la seconde, si les citoyens ont de légitimes rai-
sons de désirer un gouvernement républicain,

le véritable gouvernement du pays par le pays.

Pour bien discuter la première, il importe de savoir ce que c'est qu'un préfet, dans l'état actuel de l'administration départementale. L'on a dit, très spirituellement, que c'est un oiseau de passage : sans doute pour faire allusion au système gouvernemental, qui ne se sert de cet administrateur de la localité que pour le service personnel de sa politique, délaissant les véritables fonctions administratives aux commis. Proconsul du pouvoir, on le fait incessamment voyager d'un bout à l'autre de l'empire, parce que pour cette mission spéciale, il ne lui est nullement nécessaire de connaitre, pour un mois ou pour quinze jours, les productions du pays qu'il est censé administrer, sa position topographique, ses chemins, ses mœurs et ses usages. Mais cet abus ne constitue pas le droit, ainsi que je vais le démontrer, et les populations sont fondées à exiger que le proconsul soit en même tems aministrateur pour la gestion de leurs intérêts : la loi l'en ayant spécialement chargé

Lors de la suppression des intendances, à la révolution, elles ont été remplacées par des administrations départementales fondées sur le système électif. La loi de 1789 et l'ordonnance de 1790 déterminèrent leurs fonctions, qui se résumaient à délibérer sur les intérêts de la localité, et à faire exécuter les lois de l'Assemblée Nationale. L'instruction renfermée dans la proclamation royale de 1790, leur faisait l'injonction de remplir ces devoirs *sous leur responsabilité.*

Les administrations départementales furent remplacées, en l'an III, par les administrations centrales; mais, à la seule exception de la destruction de l'élection directe, il n'y eut rien de changé. Les administrateurs pris par les électeurs sur des listes de notables, restèrent toujours les administrateurs de la localité. Pour garantir ses droits, la loi nouvelle disposa formellement que les administrations centrales exerceraient les mêmes fonctions que les administrations départementales supprimées.

Lorsqu'après le 18 brumaire, le consul Bonaparte voulut jeter les fondemens de la tyrannie qu'il réservait à l'Empire, il obtint la loi du 27 pluviose an VIII, créatrice des préfets, M. de Talleyrand étant alors ministre. Cette loi, conseillée par le génie du despotisme et des révolutions, brisa l'élection de l'administration locale. Le préfet fut à la nomination du Premier Consul. Il fut déclaré amovible et révocable à volonté; et, comme le ministre était aussi amovible et révocable à volonté, l'administration locale n'exista plus, et fut remise de fait dans les mains du chef du gouvernement. Voilà cette centralisation tant vantée par M. Thiers à la dernière session des Chambres! Toutefois, et par un reste de pudeur, cette loi de l'an VIII déclara, en droit, que les préfets exerceraient les fonctions des administrations centrales supprimées, de même que la loi de l'an III avait dit que ces administrations exerceraient celles des anciennes administrations départementales. Mais ce ne fut qu'un vain leurre, car les fonctions préfectorales ne furent et ne sont encore que ce que le pouvoir central ordonne ou permet, tandis qu'elles étaient et doivent être indépendantes. Nous avons payé bien cher cette fumée qu'on appelle la gloire, puisqu'elle n'existe plus pour compenser la perte du droit électoral et l'indépendance de l'administration locale! Cependant hâtons-nous de le dire, ces biens précieux ne sont pas positivement perdus. D'abord le droit électoral a été reconquis dans la Charte de 1830, non pas comme les doctrinaires l'entendent quand ils expliquent la disposition claire et franche de l'article 69 de cette Charte, qui veut des institutions départementales et municipales fondées sur un système électif, par la mesquine conception d'un conseil municipal et d'un conseil général électifs, eomme si le maire et le préfet n'appartenaient pas à ces institutions, et devaient rester à tout jamais les agens du gouvernement; ces agens que, par une prévision de M. de Talleyrand , l'article 75 de la constitution du 22 frimaire an VIII déclara irresponsables. Ensuite l'indépendance des corps administratifs reste entière au moyen de ce que les préfets doivent exercer les fonctions des administrations centrales qui exerçaient celles des administrations départementales supprimées. Nous sommes donc, sinon en fait , du moins en droit, sous le régime tutélaire de l'admirable loi d'émancipation des communes, rendue par l'Assemblée Nationale en 1789. C'est à nous de le vouloir, car la loi usurpatrice du 27 pluviôse an VIII a été abrogée par les articles 59 et 70 de la Charte de 1830.

Cela posé, je demande maintenant si le préfet de la Meurthe, exerçant les mêmes fonctions que l'ancienne administration départementale, qui se bornaient à la seule exécution des lois de l'Assemblée Nationale, sous peine d'en répondre, a pu dissiper le rassemblement pieux de la Grève, non seulement par la mise à exécution de la loi martiale, mais même par ordre ou par simple invitation? Non, il ne le pouvait pas. Où donc est la loi qui défend aux

citoyens de se réunir sur la place publique ?
Il n'y en a point. Il y a bien un article 291 du
Code pénal qui s'oppose à ce que plus de vingt
personnes puissent se réunir pour s'entretenir
d'objets *religieux*, *littéraires*, politiques ou
autres ; mais que ces vingt-et-une personnes
descendent dans la rue, la loi vendale et impie
disparaît, car l'article 538 du Code civil n'a pas
mis les rues dans le domaine de la couronne
ou du Préfet, elles sont des dépendances du
domaine public, et appartiennent nécessaire-
ment à tout le monde. L'article 714 du même
Code explique le mode de jouissance des biens
qui appartiennent au domaine public, par cette
simple disposition : « Il est des choses qui
» n'appartiennent à personne *et dont l'usage est*
» *commun à tous* ; des lois de police règlent la
» manière d'en jouir. »

Des lois de police ! Chacun sait ce que cela
veut dire. Le Préfet aime mieux la loi martiale.

S'il n'y avait pas de lois, même de simple
police, qui défendait au citoyen Béchet et à
ses amis de se trouver sur la place de Grève,
pour s'y entretenir de l'objet religieux que faisait naître la commémoration des illustres
morts du 27 juillet 1830, commémoration
même ordonnée dans les temples par l'autorité,

le Préfet est coupable, et rien ne peut le soustraire à la responsabilité qu'il a encourue.

L'on se récrie, et l'on dit que cette réunion pouvait se convertir en un attroupement séditieux : cela rappelle la subtile escobarderie du mot *réprimer* pour les abus de la liberté de la presse ; les ennemis de cette liberté, qui sont encore sous la simarre de l'ex-carbonaro Barthe, aimaient mieux *prévenir* que réprimer. Cela s'appelait de l'amour. Ainsi M. le Préfet, jouant à ce jeu, se tire d'affaire en prétendant avoir eu le droit de *prévenir* le cas possible d'un attroupement. Il paraît que ce mot Liberté est entendu toujours dans un sens restrictif. La presse est libre, mais à la condition de rester esclave et ruinée par les confications. Les citoyens sont libres de marcher ou de courir, mais à la condition de ne pas s'arrêter, de ne pas parler avec d'autres citoyens, si par aventure les uns et les autres sont marqués au livre du Préfet avec l'encre rouge qui désigne les républicains.

L'on se récrie encore, et l'on dit qu'il fallait aller dans les temples si l'on voulait prier pour les victimes de juillet. Mais qui peut m'imposer cette obligation, à moi, chrétien-protestant ou juif? Je ne veux pas, cela suffit.

L'autorité peut bien ordonner à l'évêque Forbin-Janson qu'elle paie fort cher quoique émigré et chassé, de faire des services et des messes ; mais elle n'a pas le droit d'exiger que les citoyens assistent à ces cérémonies, si ce n'est en Espagne. Je prie où je veux, l'Univers est mon temple, et Dieu qui est partout écoute ma prière.

Mais laissons là ces pauvretés. Voyons comment il se peut faire qu'à défaut de lois restrictives de la liberté, le Préfet puisse y suppléer de sa pleine science sous un gouvernement constitutionnel. Si le caprice, une fausse manière de voir, une opinion exaltée, une basse envie de faire la cour, peuvent tenir lieu de lois, les citoyens sont sous la plus ignoble tyrannie ; car, comme il y a quatre-vingt-six préfets, cette tyrannie a quatre-vingt-six manières de se faire sentir et de tuer la liberté. Mais que sera-ce donc si, pour faire exécuter ces lois de contrebande, le proconsul requiert l'emploi des baïonnettes et des feux de peloton ? Ce sera la tyrannie armée ; ce sera le crime, que le droit imprescriptible et sacré de l'insurrection devra punir. L'on entend tous les jours dire ces mots imposteurs : *Force est restée à la loi.* A quelle loi ? A la loi faite par le Préfet ou par le Ministre, et qui vient d'arriver par le télégraphe ? Non ; dans ce cas, force n'est pas restée à la loi, mais bien à la force. Vous avez violé la liberté, vous avez tué des citoyens désarmés; vous avez pro-stitué nos soldats. Voilà vos triomphes. L'on peut se glorifier de ceux de Jemmapes et de Valmy, mais de ceux-là l'on doit en rougir, excepté devant la Sainte-Alliance qui les exige.

Mais cette loi qui manque ne serait-elle pas dans ces mots de Louis-Philippe, lorsque le canon de Saint-Méry faisait trembler les vitres du château : J'ai employé le canon *pour en finir* avec les républicains? Si cela est, c'est une cour-tisanerie qui passe les bornes.

En résumé, nulle loi ne s'étant opposée au rassemblement de la Grève, ceux qui en fai-saient partie n'ont pas été coupables et n'ont pu être traduits devant la Cour d'Assises. Le citoyen Béchet, quoique porté le premier sur la liste, est donc resté pur et irréprochable.

J'aborde maintenant la discussion de ses opinions républicaines, qui probablement ont motivé et la dispersion du rassemblement de la Grève par les armes, et les poursuites devant la Cour d'Assises; car M. Lucien Arnault a voulu faire de l'état de siège au petit pied après avoir vaincu à la Grève. Heureusement il a été forcé de substituer le Jury aux Commissions militaires, ce Jury du pays que les gens qui veulent en finir voudraient bien rayer de nos institutions nationales.

La république, la république, disent les hommes de l'état de siège, des commissions militaires, des mitraillades du cloître Saint-Méry, des égorgemens du pont d'Arcole, des feux de peloton de Lyon et des bonnes baïonnettes de Grenoble, la république : c'est le retour aux échafauds de 93. Eh! mais, Messieurs, disait Béchet, le sang des républicains ne vous répugne pas le moins du monde ; vous l'avez versé sans émotion comme les Vieux de la Montagne versaient celui des royalistes. L'on dirait vraiment que vous êtes des vétérans de cette lugubre époque ; que vous avez voté ou quasi voté la mort d'un roi de la branche aînée, et que pour vous *le corps d'un ennemi mort sent toujours bon.* Fouquier-Thinville et Robespierre demandaient et accordaient des têtes de royalistes, comme M. Persil et les conseils de guerre demandaient et accordaient des têtes de républicains. Vous avez balayé les rues de Paris avec du canon, et votre mitraille moissonnait les innocens et les coupables, les femmes, les enfans, les vieillards. Quand vous avez eu mis les lois hors la loi, selon l'expression terroriste d'un ministre, la guillotine était en permanence, toute prête à servir vos fureurs. Vous avez envoyé les meilleurs citoyens aux galères perpétuelles ou dans les cabanons du Mont-

Saint-Michel. Vous en auriez fait bien de l'autre sans la Cour de Cassation. Donc votre horreur de 93 n'est que de l'hypocrisie. Raisonnons au lieu de déclamer, disait Béchet à la table de celui qui l'a lâchement tué pendant qu'il dormait, raisonnons : D'abord nous ne sommes pas les républicains de 93 : il n'y a plus ni noblesse féodale, ni pairie héréditaire, ni droit divin, ni clergé propriétaire ; conséquemment plus de résistances à combattre pour avoir les droits des hommes libres. Ces droits sont en partie restés à la France constitutionnelle, et consacrés dans une Charte. Ceux qui nous manquent encore sont en dépôt dans la Constitution de 1791, où nous saurons bien les retrouver sans recourir aux échafauds ; rien qu'avec la liberté de la presse *et un peu de patience*. En second lieu, la civilisation s'opère malgré la marche rétrograde des doctrinaires ; car le juste milieu lui même est républicain s'il tient sincèrement à nos institutions, en majeure partie républicaines, comme je crois qu'il n'en faut pas douter, bien qu'il soit *poltron* et *plastron*. Enfin, nous, républicains, nous ne voulons qu'une chose bien légitime aux yeux même des hommes les plus intolérans : c'est tout simplement la réalisation des promesses consacrées par le Programme de l'Hôtel-de-

Ville, et l'exécution sincère et loyale de la Charte de 1830; qu'il y ait un roi ou un président électifs, le nom ne fait rien à la chose; et nous ne demandons plus rien, si ce n'est une liste civile moins onéreuse au pays qui la paie, des traitemens moins gros pour les fonctionnaires, de l'économie dans les dépenses, un budget moins lourd par la suppression des droits réunis sur le sel et les boissons, enfin de notables modifications à apporter aux douanes et au monopole qui pèse sur la propriété et sur l'instruction. Donnez-nous cela et et nous ne sommes plus républicains, comme les trembleurs ne seront plus du juste milieu. Si vous vous obstinez à nous refuser ce qui nous appartient, nous garderons nos convictions. Nous saurons bien nous le faire restituer quand il en sera tems, et cela ne sera pas comme nos ancêtres, après que les sujets se seront faits citoyens, car il n'y a plus en France que des citoyens, voire même le Roi qui dit qu'il l'est aussi : ce sera bientôt.

Vous vous étonnez qu'il y ait des républicains! mais c'est vous qui les avez faits; c'est vous qui êtes cause qu'ils sortent de terre tous les jours par milliers, comme des émanations de vos victimes! Voyons, comptons en petit comité comme il faudra compter un jour au soleil. Vos journées des 5 et 6 juin, journées de massacre, n'avaient-elles pas été préparées, et n'ont-elles pas été exploitées par un guet-à-pens de police, pour en finir par une bonne Saint-Barthélemy de patriotes? Pourquoi les héros de juillet que le pays a décorés sont-ils devenus des brigands, ce qui a fait dire à un Anglais: qu'on décorait en France pour mieux reconnaître ceux que le pouvoir voulait jeter dans les prisons ou envoyer aux bagnes? Serait-ce par hasard parce qu'ils ont été des insurgés en 1830, que le pouvoir d'aujourd'hui les immole aux exigences de la Sainte-Alliance? Ne vous êtes-vous pas opposés à l'association nationale dont le but était d'assurer l'intégrité du territoire? N'avez-vous pas exécuté les honteux traités de 1815, sur le double de ces traités envoyés de Saint-Pétersbourg et de la chancellerie de Vienne? N'avez-vous pas laissé massacrer, chapeau bas, notre illustre avant-garde polonaise? N'avez-vous pas traqué la presse indépendante, et ne l'avez-vous pas ruinée par des confiscations, pour obéir aux ordres de la Diète de Francfort? L'élu de la nation ne nous a-t-il pas fait flétrir, nous, ses électeurs, de l'insolente épithète de sujets? La Charte n'a-t-elle pas été violée par la mise en état de siège de la Capitale, bien qu'il n'y eût plus d'article 41; par l'éta-

blissement des Commissions Militaires abolies ;
par le refus de livrer à la justice la duchesse de
Berry, arrêtée les armes à la main et soufflant
le feu de la guerre civile? Qu'est devenu ce
Programme de l'Hôtel-de-Ville où le Lieute-
nant-Général promettait à Lafayette une royauté
populaire entourée d'institutions républicaines?
Louis Philippe n'a-t-il pas regretté ses chères
fleurs de lys? Qu'est devenue la promesse de
faire abolir la peine de mort, lorsqu'il s'agissait
de sauver les derniers ministres de Charles X ?
Si notre très haut, très puissant et très excel-
lent Roi ne se rappelle plus de ces peccadilles,
qu'il sache bien qu'elles sont enregistrées dans
tous les cœurs patriotes.

Béchet ajoutait : maintenant admettons que
nous avons rêvé tout cela; au moins nous
avons une Charte dite de vérité. Le pouvoir la
respecte-t-il? oui. Les républicains sont sans
motifs et je me fais juste milieu. La viole-t-il
au contraire, après avoir juré de la garder et
observer? oui. Les républicains sont dans leur
droit et je reste républicain. Examinons donc
et passons en revue ses dispositions

Article 1er. Les Français sont *égaux* devant
la loi. Lisez: Devant la loi du privilége, nul ne
pouvant être pair de France, conseiller-d'état,
ministre, qu'en jurant de faire triompher la

contre-révolution ; préfet et sous-préfet, qu'en
jurant de faire de l'ordre public avec le canon
et les baïonnettes; procureur-général et procu-
reur du roi, qu'en déclamant contre le Jury et
en ruinant la presse indépendante; électeur,
qu'en payant 200 fr. de contributions; éligible
à la chambre, qu'en en payant 500; juré,
qu'en payant aussi 200 francs, à moins d'être
docteur et licencié dans les quatre facultés:
un bonnet et une chausse sont estimés 200 fr.

Art. 2. Les Français contribuent *indistincte-
ment*, dans la proportion de leur fortune, aux
charges de l'état. Lisez : Excepté les grands
propriétaires, les gros capitalistes, tous les
rentiers, tous les banquiers, tous les négocians,
les ministres, les conseillers-d'état, les maré-
chaux de France, les généraux, les grands fonctionnaires de l'ordre judiciaire et de l'ordre ad-
ministratif, presque tous ceux enfin qui ne
sont pas prolétaires. A ceux-ci sont réservés,
ainsi qu'à l'immense classe des laboureurs et
des industriels, l'impôt sur les boissons, le monopole du sel, le monopole des tabacs, les
droits de douane, les droits d'octrois, l'impôt
de la loterie et des jeux, etc., etc., etc., dont
le produit sert à payer les gros traitemens, les
gros appointemens, les grosses pensions y com-

pris celles des chouans, le luxe de nos soldats, princes et duc et pairs ; etc., etc.

Art. 3. Tous les Français sont *également* ad-
missibles aux emplois civils et militaires. Lisez:
A l'exception de ceux qui ne peuvent entrer
dans les colléges et autres établissemens où l'on
s'instruit; c'est-à-dire les neuf dixièmes des citoyens, qui ne peuvent pas payer ces autres
droits réunis qu'on appelle droits universitaires, l'instruction publique étant monopoli-
sée; excepté aussi les gens de mérite qui ont
une conscience, qui ne se laisseraient pas cor-
rompre, et qui n'ont pas de protections près
des commis des ministres; etc., etc,

Art. 4. La liberté individuelle des Français
leur est *également* garantie, *personne* ne pouvant être poursuivi ni arrêté que dans les cas
prévus par la Loi et dans les formes qu'elle pres-
crit. Lisez : A la condition qu'ils seront soumis
et obéissans *sujets quand même;* à la condition
que quelques émeutes, quelques journées de
juin, quelque coup de pistolet, ne seront pas
jugés indispensables pour prévenir ou réprimer des complots ou quasi complots républicains, bien organisés par les officieux de la police et l'indispensable Vidocq. Dans ces cas
nombreux et d'urgence, les sergens de ville, les

gardes municipaux et les mouchards arrêteront sur le vu d'une casquette ou d'un œillet rouges et autres indices infaillibles de républicanisme, sans mandat aucun de la justice, tous les bons citoyens; ils les entasseront à la Préfecture de police, en attendant qu'ils aillent pourrir dans les cachots pendant l'instruction du jugement qui devra, quelques années après, les condamner ou les absoudre.

Art. 7. Les Français ont le *droit* de publier et de faire imprimer leurs opinions en se conformant aux lois. Lisez : A la condition de ne publier et faire imprimer que celles qui ne mettront pas au jour les turpitudes, les dlapidations, les adjudications sans concurrens, la marche rétrograde du Gouvernement, son obéissance aux traités de 1815, son abaissement auprès de la Sainte-Alliance et l'humiliation du pays dans les cours étrangères.

La censure ne pourra *jamais* être rétablie. Lisez : Mais les saisies préventives en tiendront lieu.

Art. 8. *Toutes* les propriétés sont inviolables. Lisez : A l'exception de celles plantées en tabac au lieu de l'être en carottes; à l'exception de celles où il plaît aux ponts-et-chaussés de planter des arbres sous lesquels il ne vient rien au cultivateur. A l'exception des confiscations et

brisemens de presses et caractères d'impression;
à l'exception des grades militaires, etc., etc.

Art. 13. Le Roi ne peut *jamais* ni suspendre
les lois elles-mêmes, ni dispenser de leur exécution. Lisez: Pour remplacer l'ancien article 14,
le Roi pourra mettre telle ville il lui plaira en
état de siége. Il pourra mettre les lois *hors la
loi*, et dispenser ses parens du désagrément d'être
mis en justice, quand même ils feraient de la
guerre civile et qu'ils seraient pris les armes à
la main, attendu qu'étant nés près du trône et
ayant été l'objet des respects des sujets, ils ne
peuvent s'asseoir sur la sellette des vilains, et
devant des vilains de Cour d'Assises.

Art. 15. La proposition des lois appartient au
Roi, à la Chambre des Pairs et à la Chambre
des Députés. Lisez: A la condition que cette ini-
tiative n'appartiendra qu'au Roi comme par le
passé, les Ministres devant toujours obtenir que
les Chambres s'en abstiennent.

Art. 16. Toute loi doit être discutée et votée
librement. Lisez: Cependant la majorité minis-
térielle aura le droit incontestable de fermer la
discussion par la clôture, après avoir fait rappe-
ler à l'ordre les membres de la minorité qui ne
seront pas de son avis, et autres petites et inno-
centes ruses légales.

Art. 24. Les pairs ont entrée dans la Chambre à vingt-cinq ans. Lisez : A l'exception de M. le duc d'Orléans, pair par sa naissance.

Art. 53. Nul ne pourra être distrait de ses juges naturels. Il ne pourra *en conséquence* être *créé* de commissions et de tribunaux extraordinaires, *à quelque titre et sous quelque dénomination que ce puisse être.* Lisez : Les citoyens seront distraits de leurs juges naturels quand il plaira au Gouvernement de mettre une ville ou une province en état de siége. En conséquence, ils seront jugés par les Conseils de guerre, quoique non militaires, journalistes ou autres. Ces Conseils ne seront pas créés, parce qu'ils l'ont été sous la terreur qu'on nous remet toujours devant les yeux, pour juger les chouans; la revanche sur les républicains étant de bon jeu.

Art. 57. La peine de la confiscation des biens est abolie et ne pourra *jamais* être retablie. Lisez : A l'exception des journaux libéraux dont les propriétaires ne voudront pas s'amender. Dans ce cas, les biens de ces écrivains passeront au fisc par le moyen des amendes.

Art. 69. Il sera pourvu successivement par des lois séparées et dans le plus court délai possible, aux objets qui suivent :

1° L'application du Jury aux délits de la presse et aux délits politiques. Lisez : Cependant il sera loisible au ministère public de trouver quelque moyen d'arriver à la justice exceptionnelle, surtout en matière de presse.

2° La responsabilité des ministres et des autres agens du pouvoir. Lisez : Cependant les ministres pourront ajourner la loi, attendu que l'article 75 de la Constitution de l'an VIII en tient lieu pour long-tems.

5° L'organisation de la garde nationale avec intervention des gardes nationaux dans le choix de leurs officiers. Lisez : Officiers jusqu'au grade de chef de bataillon seulement ; les colonels, lieutenans-colonels, majors, adjudans-majors, chirurgiens, n'étant pas officiers.

6° Des dispositions qui assurent d'une manière légale l'état des officiers. Lisez : Sans porter atteinte à la propriété du grade, qui reste au pouvoir, et dont la cession momentanée peut être confisquée par une destitution sans jugement.

7° Des institutions départementales et municipales fondées sur un système électif. Lisez : A la condition que cela se bornera aux conseils municipaux et aux conseils d'arrondissement et de département, nul que le Roi ne pouvant faire un préfet, un sous-préfet et un maire, parce qu'il s'y connaît mieux que le pays.

Voilà, citoyens de Nancy, ce que disait Béchet tous les jours, et voilà justement pourquoi il était républicain. Quand on lui objectait que ces reproches étaient mal fondés en ce que les droits universitaires, les saisies préventives, l'état de siége, les Conseils de guerre, etc., étaient établis par des lois, il se bornait à cette seule réponse : De telles lois étant contraires à la Charte et à sa réforme, ont été abrogées par les articles 59 et 70 de cette même Charte ; et celles faites depuis sa promulgation étant cruelles de plein droit, doivent être considérées comme non avenues. Si le juste milieu prétendait que nous avions assez de liberté comme cela, Béchet ne manquait pas de se récrier vivement et de soutenir que des droits conquis ne pouvaient pas être modifiés comme si le pouvoir en avait fait concession et octroi. C'est à vous de juger s'il avait raison ou tort.

BARRET, Avocat.

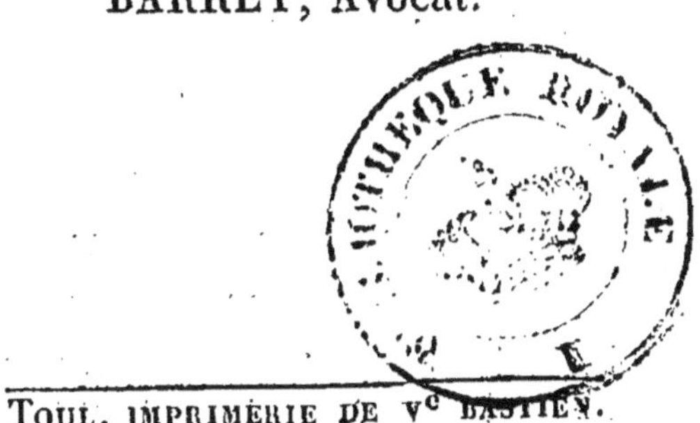

TOUL, IMPRIMERIE DE Vᵉ BASTIEN.